AF285246

ConnectDoor –

Zugang zu unmöglichen Dimensionen

Telepathie – ungewollt!

Inge Friedrich
Bernd Laudenbach

Bibliografische Information der Deutschen Nationalbibliothek.
Die Deutsche Nationalbibliothek verzeichnet diese Publikation
in der Deutschen Nationalbibliografie, detaillierte bibliografische Daten sind im Internet über http://dnb.dnb.de abrufbar.

© 2020 Inge Friedrich, Bernd Laudenbach

Herstellung und Verlag

BoD – Books on Demand, Norderstedt

ISBN 978-3-751978941

Diese Informationen sind für Menschen,

- die bereit sind, Eigenverantwortung für Gesundheit, Fühlen, Denken und Handeln zu übernehmen,
- die Verbindungen zu inneren Realitäten und inneren Ursprüngen ihres Selbst hervorrufen möchten,
- die an Maßnahmen gegen die Versklavung des menschlichen Bewusstseins interessiert sind,
- die neugierig darauf sind, Unbekanntes für sich bekannt zu machen,
- die für sich selbst entscheiden wollen, welche Optionen für sie von Vorteil sind.

Inhaltsverzeichnis

Vorwort

Der Mensch ist krank, er fühlt sich nicht wohl, er hat diverse Symptome, die auf die eine oder andere Krankheit hinweisen. Aber nichts hilft. Weder Tabletten noch sonstige Methoden bewirken eine Linderung. Die Symptome bleiben bestehen oder verschieben sich. Was steckt dahinter?

Wer kommt auf die Idee, dass es keine eigenen Schmerzen, eigene Symptome sind, die den Menschen plagen?

Durch Hinterfragen, auch des unmöglich erscheinenden Umstandes, sind wir auf einige Möglichkeiten gestoßen, die wir hier in diesem Taschenbuch „ConnectDoor – Zugang zu unmöglichen Dimensionen, Telepathie, ungewollt!!" aufgreifen. Symptome und Krankheiten durch Gefühlsübertragungen ...

Wir haben herausgefunden, dass die Mutter nach der Geburt das Kind noch mit den eigenen Emotionen und Symptomen belasten kann durch „Postfetal-Gravitationierung". Dies ist eine Bezeichnung von Bernd Laudenbach und ist auch im Taschenbuch „ConnectDoor- Zugang zur nächsten Dimension, Rund um Bakterien, Viren & Co." beschrieben.

Aber auch der Vater oder andere Personen können Auslöser sein. Diesen Personen gegenüber hat der Leidende eine persönliche, starke emotionale Verbindung aufgebaut, sei es eine Liebesbeziehung oder eine hasserfüllte Beziehung. Es ist in beiden Fällen eine krankmachende Verbindung. Entweder holt sich der Leidende diese emotionalen Belastungen oder aber er bekommt sie von seinem Gegenüber übergestülpt. Des Weiteren können sogar Verstorbene solche Symptome und Krankheiten übertragen. Schauen wir uns eines nach dem anderen an. Mit COBIMAX können wir in jedem Falle eingreifen und den Menschen von seinen Disharmonien befreien.

Cen-Tooh, der Therapeut
Dies ist nun mein 12. Taschenbuch aus der ConnectDoor-Reihe.
Wer mich noch nicht kennt: Ich heiße Cen-Tooh und bin der zaubernde Therapeut mit der dicken Knollennase aus meinem Universum auf www.connectdoor.de.

In meinen Taschenbüchern gehe ich die verschiedensten Themen an, um so den Menschen zu zeigen, wie wir mit Disharmonien, Krankheiten, Symptomen und anderen Störfaktoren in meinem Universum umgehen und diese zum Verschwinden bringen. Wenn wir das Übel gleich an der Wurzel gepackt haben, verschwindet es ganz schnell. Bei anderen Dingen müssen auch wir etwas tiefer graben, um die Ursache zu finden und eliminieren zu können.

Wer meine Bücher genau liest, wird sehr schnell erkennen, dass es viele Sätze darin gibt, die als „Abfrage" in meinem Universum auch bereits die Korrektur enthalten. Nur ein Druck auf meine Nase im entsprechenden Level und schon erarbeitet das Unterbewusstsein zielgerichtet die gewünschte Korrektur. Dies kann unter Umständen auch schmerzhaft sein, hat aber auf jeden Fall eine konstruktive Wirkung. Wiederholungen sind nötig, das ist wie beim Vokabeln lernen. Seid mutig und probiert es aus.

Es sei hier darauf hingewiesen, dass auf der Erde diese Methode für den medizinischen Laien weder Arzt noch Heilpraktiker ersetzt, und dass sie niemals zum Absetzen von Medikamenten auffordert.

Miracles for Health

connectdoor

COBIMAX löst den Knoten

COBIMAX ist ein „Kommunikations-Werkzeug", welches es dem Berater / Therapeuten ermöglicht, während des Wachzustands eines Klienten / Patienten, das heißt, ohne Hypnose, in dessen tiefere Bewusstseinsebenen wie Körperbewusstsein und Unterbewusstsein vorzudringen und mit diesen „Unterbewusstseins-Formen" zu interagieren.

Durch zielgerichtete Befragung oder Aufträge an den Klienten / Patienten treten sofortige körperliche Reaktionen auf physischer Ebene, sowie Gefühlsreaktionen auf psychischer Ebene auf.

Die Befragungen an das Kleinhirn-Bewusstsein erfolgen entsprechend den Vorgaben des Klienten / Patienten über seine Probleme, organischen Fehlfunktionen, Symptome und natürlich auch entsprechend bereits erstellter medizinischer Diagnose.

Die Vorgehensweise sei durch folgendes einfache Beispiel veranschaulicht:

Ein Mensch klagt über starke Schmerzen im Magenbereich, die ihn schon längere Zeit plagen. Diesen Symptomen entsprechend erfragt der Therapeut nun „Entzündungen?" Handelt es sich nun bei den Beschwerden unseres Klienten / Patienten tatsächlich um eine Magenschleimhaut-Entzündung, so wird der Magen des Menschen innerhalb weniger Augenblicke mit deutlich wahrnehmbaren Reaktionen antworten. Dies ist jetzt eine definitive Reaktion des Körpers, um die Entzündung sehr schnell abheilen zu lassen.

Die Behandlungsdauer und Intensität entscheidet von jetzt ab ausschließlich das Kleinhirn-Bewusstsein des Klienten / Patienten. In dieser Bewusstseinsform ist das vollkommene

Wissen über Gesundheit und natürlich auch Krankheit vorhanden.

Dadurch können dem Therapeuten keine Behandlungsfehler unterlaufen, da die Entscheidung über die Durchführung der Themen in Bezug auf Zielort, Zeit und Intensität der Behandlung von nun an das autonome Bewusstsein des Patienten übernimmt.

Die Themenauswahl für die Behandlung erfolgt durch den Berater /Therapeuten, wobei schon im nächsten Arbeitsschritt das Kleinhirn-Bewusstsein selbst die Verantwortung über die weiteren Vorgehensweisen übernimmt.

Dies ist für alle Lebensbereiche anwendbar.

Für den Hilfesuchenden dürfte bemerkenswert sein, dass diese Behandlungsmethode nicht nur bei körperlichen Erkrankungen Hilfe leisten kann, sondern sie „korrigiert" auch gleichzeitig auf emotionaler Ebene.

Bei Bedarf können schädigende Gefühle / Emotionen „rückwärts" vom Bewusstsein des Patienten erlebt und verabschiedet werden.

Diese hocheffiziente Behandlungsmethode setzt in keiner Weise voraus, dass der Klient / Patient daran glaubt. Der Klient / Patient wird sogar um eine gesunde Skepsis und Objektivität gebeten.
Nachweisbare oder messbare Parameter, wie z.B. Blutdruck oder Cholesterinspiegel zeigen dem Patienten schon nach kurzer Therapie „schwarz auf weiß" den Erfolg und die Effizienz der durchgeführten Behandlung.

Die Grenzenlosigkeit dieses Kommunikations- und Therapieverfahrens zeigt sich ebenso beeindruckend in der Einwirkung auf Tier und Pflanze.

Reaktionen

So einzigartig und individuell jeder Mensch ist, können je nach den Problemen vielfältige Reaktionen auftreten.

Angefangen bei starker Müdigkeit bis hin zu mehrminütigem Tiefschlaf, häufiges und tiefes Gähnen, Ameisenkribbeln bis völlige Taubheitsgefühle einzelner Gliedmaßen, Blähgefühle im Bauchbereich, Wärme, Kälte, Schwindel, Kopfschmerzen, Migräne, völlige Schwere bis hin zu einem nicht mehr Anheben-Können einzelner Gliedmaßen.

Organe können stark spürbar werden. Enge oder Kloßgefühl im Hals, ganze Wirbelsäulenabschnitte machen sich bemerkbar, deutliche Reaktionen im Herzbereich, Schwere und Enge in der Brust oder erschwertes Atmen bis hin zu Atemnot.

Anvisierte Gefühle können in aller Deutlichkeit erlebt werden.

Die Skala der möglichen Reaktionen ist nach oben offen. Dies soll den Betrachter nicht erschrecken, sondern nur darauf hinweisen, dass Stärke und Lokalisation der eintreffenden Reaktionen nicht immer den Erwartungen des Wachbewusstseins entsprechen.

Vererbung?

„Das habe ich von meiner Mutter geerbt, das hatte meine Großmutter auch, das habe ich von meinem Vater geerbt", so hören wir es oftmals von den Menschen, die zu uns kommen. Natürlich kann es sein, dass manches vererbt wurde, das können wir mit unseren COBIMAX-Abfragen schnell herausfinden. Meistens kommt auf die Frage der Vererbung keinerlei Reaktion. Also, wo kommen die Symptome her?

Auf die COBIMAX-Abfrage nach Postfetalgravitationierung sieht es schon anders aus. Die meisten Kinder, auch wenn sie schon über 40 Jahre alt sind, reagieren sehr stark. Also wissen wir, dass Mutter, Großmutter oder Urgroßmutter die Auslöser sind.

Was ist nun mit dem Vater? Der kann ja nicht der Auslöser sein, weil er ja das Kind nicht in seinem Bauch trägt und auf die Welt bringt. Wir fanden eine andere telepathische Verbindung.

Postfetalgravitationierung

Diese zwischen Mutter, Großmutter oder Urgroßmutter und Kind mögliche Form der Symptom- und Krankheitsübertragung haben wir im dem Taschenbuch „ConnectDoor – Zugang zur nächsten Dimension – Rund um Bakterien, Viren und Co. bereits angesprochen.

In den letzten 3 Schwangerschaftsmonaten beginnt das Gehirn der Mutter mit dem Gehirn des Kindes zu telekommunizieren.
Alles, was die Mutter denkt, was sie fühlt, selbst wenn sie sich ihr Knie anstößt, diese Emotionen, diese Gefühle werden direkt auf den Fetus im Mutterleib übertragen. .

Es ist ein ständiges Senden und Empfangen zwischen den Gehirnen von dem werdenden Kind und der Mutter. Es ist ein physiologischer Vorgang. Das kindliche Gehirn wird vorbereitet mit seinem eigenen physischen Körper zu interagieren.

Über ihre Hypophyse sendet die Mutter alle ihre Eindrücke an die Hypophyse des Kindes. Alle Eindrücke werden direkt auf das Kind übertragen. Die kindlichen Sinne werden dadurch angeregt zu interagieren. Das kindliche Gehirn beginnt sehr schnell intensiv zu arbeiten, afferente und efferente Rückmeldungen werden trainiert.

Um das alles zu steuern hat die Mutter in ihrem Gehirn eine sogenannte Schwangerschaftsgehirnkarte.
In dem Moment, in dem das Kind geboren wird und natürlich durch das Durchtrennen der Nabelschnur, stellt die Schwangerschafts-Gehirnkarte ihre Arbeit wieder ein durch chemische Informations-Moleküle.

Bei Kaiserschnittgeburten oder anderen Betäubungen passiert folgendes, dass ein chemischer Vorgang im Gehirn durch den Neurotransmitter Oxytocin nicht ausgeführt werden kann, da z.B. vom Uterus keine afferente Rückmeldung ans Gehirn erfolgt und somit auch keine Geburt registriert wird. Das Gehirn der Mutter wertet den Fetus als ein wachsendes Organ. Das Kind ist geboren und somit verschwunden.

Nach 4 -6 Wochen wertet das Gehirn das als Phantom und verschmilzt beispielsweise die Uterusgehirnkarte mit der Magengehirnkarte oder anderen Gehirnkarten.

Bei 75 % der westlichen Frauen sind die Polygam-Oxytocin-Rezeptoren besetzt von Bornavirenhüllen, man sagt auch Borna-Viren-Ghost. Das bedeutet, im Gehirn der Mutter kann chemisch nicht registriert werden, dass sie soeben entbunden hat. Das führt dazu, dass sie ihr Kind über ihre Hypophyse an die Hypophyse des Kindes weiterhin unterrichtet mit ihren Emotionen, ihren Gedanken, ihren Krankheiten.

Beim Kind haben wir eine Omniose, Omnionose, Omnitronose. Das kindliche Gehirn baut aus Primär-Energie sehr schnell neue Masse auf. Während des Wachstums im

Mutterleib nimmt es Omnis, Omnionen, Omnitronen auf. Das ist Energie, die permanent zum Aufbau des Ungeborenen gebraucht wird, sie wird vom Kind direkt auf die Mutter selbst übertragen. Bei Postfetalgravitationierung geschieht diese Übertragung auch noch nach der Geburt und dem Kind fehlt dann einfach diese Energie.

Ein weiteres Problem durch Postfetalgravitationierung ist ein noch nicht verschlossenes Foramen ovale. Aufgrund einer Cobimax-Abfrage kann sich dieses Loch im Herzen schließen.

Postfetalgravitationierung bedeutet, dass die Gedanken, Gefühle, Symptome, Krankheiten der Mutter auch nach der Geburt weiter über die noch vorhandene Schwangerschaftsgehirnkarte auf das Kind übertragen werden.
Diese Vorgänge sind allgemein nicht bekannt und keine Mutter macht das mit Vorsatz.

Das sind Dinge, die wir mit der Cobimax-Methode erst erkennen und dann sehr gut korrigieren können.

Folie à deux / Fad

zu deutsch: Wahn zu zweit.
Es wir in Wikipedia beschrieben, dass ein Mensch eine bestimmte Symptomatik, Wahnvorstellungen oder andere emotionale Auffälligkeiten aufweist, weniger körperliche Symptome, und ein anderer Mensch das übernimmt.

Wie er das übernimmt, wird überhaupt nicht beschrieben. Wir haben festgestellt, dass dieses Krankheitsbild wirklich existiert, wir brauchen also keinen erfundenen Namen wie Postfetalgravitationierung.

Heraus kam, dass ähnliche telepathische Funktionen vorhanden sind, wie zwischen Mutter, Großmutter oder Urgroßmutter und Kind.

Wir können Folie-á-deuxisieren. Das bedeutet, Ihr dringt mit dem Vermögen, telepathisch zu interagieren, ins Intimste eines anderen Menschen ein, in die körperumgebende Aura, die Bänder, die physische Frequenz, Infrarotfrequenz, UV-Licht-Frequenz, Röntgenfrequenz, Gammafrequenz, göttliche Frequenz.

Dies kann jetzt jeden anderen Menschen betreffen, ob Mutter oder Vater, Arbeitskollegen, den Nachbarn. In dem Moment, in dem emotional agiert wird, ist die telepathische Verbindung aufgebaut und wirkt.

Ein Beispiel:

Ich habe vor 30 Jahren einen Mann geliebt, die große Liebe meines Lebens. Aus irgendwelchen Gründen sind wir auseinandergegangen, ich habe aber nie von ihm losgelassen.

Der Mann hatte einmal eine sehr schwere Erkrankung, ich habe um sein Leben gebangt.

In dem Moment Folie-à-deux-importiere ich von ihm, das heißt, ich kann über seine körperumgebenden elektromagnetischen Bänder ihm die Information stehlen und ich ziehe seine Symptome und Krankheiten ab und übertrage sie direkt auf meine Realität. Importieren heißt, ich nehme es von jemand anderen weg. Ich verwechsle hier Mitgefühl mit Mitleid.

Er kann sagen, wir hatten 30 Jahre eine schöne Zeit, dann hat sie sich einen anderen genommen. Er ist richtig zornig auf mich. Er kann dadurch, durch eine bestimmte emotionale Haltung, Folie-á-deux-exportieren. Er kann definitiv seine Symptomatik teilweise oder ganz auf mich übertragen, exportieren.

Wenn ich emotional gegenüber einer anderen Person bin, begebe ich mich in Gefahr, dass ich entweder meine Lebensenergie übertrage oder „Schmodder" von dem anderen herunterlade.
Durch das Folie-à-deux-Importieren und – Exportieren entsteht

das gleiche Grundproblem in Eurer Genetik, dass sich Antigene durch diese Signatur bilden.
Was diese Personen an krankheitshervorrufenden Emotionen und Gedanken haben, ladet Ihr Euch herunter und prompt habt Ihr deren „Gefühls-Schmodder" auf Eurer Genetik.

Selbst wenn Ihr Mitleid habt mit Tieren, was über das Gefühl hinausgeht, könnt Ihr Euch das herunterladen, Folie-à-deux importieren. Umgekehrt geht das genauso. Das Tier übernimmt die Problematik von Herrchen oder Frauchen.
Mehr Information ist auch im Taschenbuch „ConnectDoor-Zugang zum Geschenk der Natur, Einsatz bei Tier und Pflanze" zu finden.

Wir hatten eine Patientin, die hatte einen Schock bekommen, als sie zuschauen musste, wie ihr gestürztes Lieblings-Pferd erschossen wurde. Sie hatte Schmerzen am Knie. Auf die Cobimax-Eingabe: „Folie-à-deux- Importierung vom Pferd" hat sie reagiert. Angeblich sollte sie MS haben, das wurde mehrfach nicht bestätigt.

Ein anderes Beispiel:
Vor uns saß ein Mann, der seit Jahren unsägliche Schmerzen im Schulter-Nackenbereich hat. Er bekam vom Hausarzt schwere Schmerzmittel. Die halfen ihm für ein paar Stunden, dann waren die Schmerzen wieder da.

Bei der 2. Session kam er mit seiner Frau, die auch behandelt werden wollte. Sie reagierte nicht auf die Cobimax-Abfragen nach ihrer Erkrankung.

Auf die Abfrage „Postfetalgravitationierung" kam eine heftige Reaktion. Sie war also mit der eigenen Mutter postfetal-gravitations-technisch verbunden. Wir visierten die Mutter an, die Frau reagierte.

Als dann wieder die Frau Abfragen bekam, reagierte auf

einmal der Mann mit.

Was dabei herauskam, war Folgendes:
Seine Schwiegermutter postfetalgravitationiert seine Frau, er liebt seine Frau abgöttisch und als sie sehr krank war, hätte er ihr das am liebsten alles abgenommen und ihr Leid getragen.

Er Folie-à-deux-importiert von seiner Frau genau die Symptome, die sie von ihrer Mutter per Postfetalgravitationierung übertragen bekommt.

Wir trennten zuerst die Frau von ihrer Mutter mit Hilfe des Cobimax-Programmes „PFG" und dann den Mann mit Hilfe der Folie-a-deux- Abfragen von seiner Frau. Die Schmerzen des Mannes verschwanden und auch die Frau hatte keine Symptome mehr.

Wir haben mittlerweile herausgefunden, dass eine unglaubliche mannigfaltige, weitreichende und sehr komplexe Verdrahtung von Kopf zu Kopf, von Mensch zu Mensch vorhanden ist.

Wir senden und empfangen telepathisch, ohne zu wissen, dass wir das überhaupt können. Aber wir tun es permanent.

Das führt dazu, dass wir in Unwissenheit die Gesetze um diese Kommunikationsform auch zu unserem eigenen Nachteil, zum eigenen Schaden, missbrauchen.

Überlegt Euch gut, auf wen Ihr Euren emotionalen Fokus richtet, denn in dem Moment begeben wir uns in sein Feld hinein.
Wir sind enger und herzlicher miteinander verbunden über unsere Emotionen. Denkt bitte daran, Emotionen sind nach meiner Auffassung ursprünglich zur genetischen Vorbereitung auf eine veränderte Umwelt gedacht, dass wir genetisch ein-, um-, ausschalten können.

Wenn wir aber so unwissend mit unseren Emotionen umgehen, brauchen wir uns nicht zu wundern, was damit passiert.

So erleben wir einen gigantischen, von der Schöpfung her ausgestatteten großen Kopf, ein wundervolles Gehirn, wie es sich selbst hinrichtet durch die Möglichkeiten, die ihm gegeben wurden, weil es nicht weiß, dass es das kann und wie es dies gegen sich selbst gebraucht. Das beste Werkzeug, das uns die Natur gegeben hat, ein so vortreffliches Gehirn, wird zur Waffe.

Wir müssen mit unseren Emotionen besser umgehen. Mit welchen Menschen umgeben wir uns?

Es gibt also verschiedene Möglichkeiten des Folie-à-deuxisierens:

Ich Folie-à-deux-isiere (ich gebe ab, ich nehme).

Ich Folie-à-deux-importiere (von Person xxx)(ich ziehe herein, ich nehme auf).

Ich Folie-à-deux-exportiere (auf Person xxx) (ich gebe ab).

Ich werde Folie-à-deux-isiert (einer zieht Energie ab oder stülpt über).

Von mir wird Folie-à-deux-exportiert (jemand nimmt aus mir heraus).

Auf mich wird Folie-à-deux-importiert (jemand gibt seinen Schmodder ab).

Ich bin konfrontiert mit PFG-Folie-à-deux.

Folie-à-deux-signierte Antigene.

Folie-à-deux-signierte Antiköper.

Ich Folie-à-deux-kopiere von Person xxx.

Kontakt-Folie-à-deux-isierung von Person xxx.

Kontakt-Folie-à-deux-isierung zu Person xxx.

Machtinkohärenz durch Folie-à-deux.

Machtabgabe an Folie-à-deux – Vorgänge.

Folie-à-deux modifiziertes Organ (z.B. Magen).

Kinetose

In Wikipedia wird Kinetose wie folgt beschrieben:

Reise- oder **Bewegungskrankheit** nennt man körperliche Reaktionen wie Blässe, Schwindel, Kopfschmerz, Übelkeit und Erbrechen, die durch ungewohnte Bewegungen, etwa in einem Verkehrsmittel oder in einem Wolkenkratzer ohne ausreichende Schwingungstilgung, ausgelöst werden können. Seekrankheit, Luftkrankheit, Raumkrankheit oder die Landkrankheit von Seeleuten auf Landgang sind bekannte Varianten. Passive Bewegung in Reisebussen, Autos, Zügen mit Neigetechnik, Flugzeugen, Achterbahnen kann ebenfalls die Symptome hervorrufen. Charakteristisch ist, dass die Fahrer des jeweiligen Fahrzeugs fast nie von Reisekrankheit geplagt sind.

Auch in Fahr- und Flugsimulatoren und Erlebniskinos sowie beim Spielen von Ego-Shootern kann es zum Auftreten derselben Symptome kommen. Erstere Form der Kinetose wird als *Simulator Sickness* (Simulatorkrankheit) bezeichnet; relativ neu sind Erkrankungsfälle unter Computerspielern (*Gaming Sickness* oder Spielübelkeit), insbesondere bei Nutzung von VR-Brillen (*VR-Krankheit*).

Die Symptome verschwinden in den meisten Fällen auch ohne Behandlung spätestens nach zwei bis drei Tagen, wenn die Bewegung aufhört.

Wir haben folgendes herausgefunden:
Stereo-Kinetose bezeichnet eine Kinetose, eine Falschberechnung, falsche efferente und afferente Signalgebung, die aber durch zwei separate Bewusstseinseinheiten kommt. Die eine bin ich selbst, die andere kommt von außerhalb.

Postfetalgravitationierte Stereo-Kinetose
Folie-à-deuxisierte Stereo-Kinetose

Das ist das Missing Link. Wir hatten die ganze Zeit PFG abgefragt und wir sind nicht weitergegangen, einfach daran zu denken, inwieweit bei PFG Postfetalgravitationierung eine Schwerkraftsignalgebung auch auf das betroffene Kind ausgeübt wird.

PFG Stereo-kinetosische Afferenzen
PFG Stereo-kinetosische LIMITRYS
PFG Stereo-kinetosische Elektronen-Orbit
PFG Stereo-kinetosischer Elektronen-Spin

In meine Orchestrierte Objektive Reduktion eingebundene PFG/Fad Stereo-Kinetose

Wenn die PFG- Stereo-Kinetose einmal nur, also in einer 42-tel Sekunde in den OOR´schen körperlichen Reproduktionsprozess integriert ist, weil es in Gyrus angularis, im gesamtmenschlichen Gehirnkartenteil, war, so ist die Wahrscheinlichkeit sehr hoch, dass die PFG-Stereo-Kinetose selbst nach einer Auftrennung von PFG/Fad als "selbstlaufendes" integrales OOR´sches Reproduktions-Programm weiter aufrecht erhalten wird.

OOR´sche Stereo-Kinetose

PFG/ Fad - Stereo-kinetosische Alpha-Anti-Strahlung / Beta- Anti-Strahlung/ Gamma-Anti-Strahlung

Diese Anti-Strahlung ist diese taktile Defens, denn wenn diese Limitrystrahlung nicht stimmt, muss es eine Abwehr geben.

PFG-Stereo-kinetosische XXX-Belastung; - sämtliche relevante Organe / Gewebe: Hirnstamm, Epiphyse, Hypophyse, Schilddrüse, Vestibular-Organ, Optische Organe/Auge/Sehnerv, Magen, Niere, …
PFG Stereo-kinetosische Migräne, Nephritis, Herzinsuffizienz
PFG Stereo-kinetosische signierte Antigene
Stereo-kinetosierte Mechano-Rezeptoren

Mechano-Rezeptoren haben wir in der Muskulatur, im tiefen Halsmuskel, hier haben wir auch Thermorezeptoren. Die Signale, die wir in den Mechano-Rezeptoren und den Muskelspindeln über

Lageposition unseres Skelettkörpers bekommen, was oben im Gehirn ankommt und was efferent vom Gehirn wieder zurückgemeldet wird, lassen uns unsere Lage und Position sofort wieder korrigieren, wenn wir irgendwie ins Ungleichgewicht kommen.

Wenn wir mit jemand anderem noch vernetzt sind, wenn wir also Fremdinformationen mit reinbekommen durch Stereo-, PFG- oder Fad gibt uns diese doppelte Information eine fehlerhafte Efferenz zurück und wirkt auf unsere Mechanorezeptoren so, dass ich plötzlich gegen z.B. einen Baum laufe.

Ich sehe zwar die Sachen vor mir, das Gehirn bekommt aber eine zweite Information, durch eine völlig andere Person, die Mutter oder einen Freund, mit dem wir folie-á-deuxisiert sind, oder über eigene Versionen meiner selbst, in einer anderen Inkarnation, in einer parallelen Zeitlinie. Das führt dazu, dass die Messungen meiner eigenen Realität verdoppelt werden.

Monokinetosen- Gehirnkartenprogramm

Stereokinetosen-Gehirnkartenprogramm

PostFetalgravitationierte / Orchestrierte Objektive Reduktionierte/ Folie-á-deuxisierte/ Stereo-kinetosierte/ imaginierte, Mono-kinetosierte Propriozeptions-Information, -Energie, Gravitonie (= *Wahrnehmung von Körperlage/-Position & Bewegung im Raum)*

PFG/ OOR/ Fad Stereo-kinetosierte Viszerozeptions-Information - Energie, -Gravitonie (= *Information über Organtätigkeiten)*

PFG/ OOR/ Fad Stereo-kinetosierte Exterozeptions-Information, - Energie, -Gravitonie (= *Wahrnehmung der Aussenwelt)*

Verstärkung von Kinetose durch Infrarotmelder /Türöffnersignale

Gebiete, die betroffen sind von Kinetose: Hirnstamm, Epiphyse, Hypophyse, Schilddrüse, Vestibularorgan, optische Organe (opt. Cortex), symptombehaftete Organe Das Primäre, das uns zusammenhält, wenn unser 1., 2., 3., 4., 5.

Körper stirbt, kann uns immer wieder zurückbilden in den physischen Körper hinein. Diese Limitrystrahlung ist unzerstörbar, sie wird uns immer erhalten bleiben.

Die Frage ist aber, gibt es Prozess-Steuerungsmechanismen, die Fehler erlauben? Kann eine andere Person meine eigenen schweren Kräfte, meine Schwerkraft A modifizieren? Ja, das kann sie. Können andere Felder auf mich einwirken, so wie technische Felder? Ja, das können sie.

Das wird aber nicht nur auf den physischen Körper einwirken, sondern auch auf andere Felder, wie z.B. dieses Gammastrahlenfeld. Wenn das modifiziert wird, ist es das erste und obwohl es die leichteste Form von Schwerkraft ist, ist es das Feld, welches absolut den primären, den allerersten Zugang zu Veränderung, zur Gen-Expressionierung, zur Gen-Impressionierung hat.

O O R

"Orchestrierte Objektive Reduktion" ist das Fundament von COBIMAX

Eine Sekunde birgt in sich genau 42 (zweiundvierzig) OOR-Zyklen
Ein Tag hat exakt 86400 Sekunden,
das wiederum entspricht einem täglich 3.628.800-maligen OOR-Zyklus,
das wiederum entspricht einem jährlich 1.324.512.000-maligen OOR- Zyklus,
das wiederum entspricht am Geburtstag, also genauer gesagt Geburtssekunde eines 80-jährigen Menschen, einem 105.960.960.000-maligen OOR-Zyklus!

Wir können Einfluss und Korrektur auf unseren sekündlich 42-maligen Körper-Masseaufbau- und dessen Massezerfall-Vorgang (Konstruktion/Destruktion) nehmen.

Physiologische ultraviolettblau-frequente Carbuli Drall-Länge. (Die Länge, in der die Wendelung eines Carbuli/Mikrotubuli eine komplette 360° Grad-Drehung vollzogen hat.)

Physiologischer ultraviolettblau-frequenter carbulisierender Masse-Impact. (Das Bremsen von UV-Licht und das dadurch entstehende Carbuli/Mikrotubulus.)

Geometrisch physiologische mikrotubuläre Alpha-Tubulin, Beta-Tubulin Formation und-Verbindung.

Physiologische orchestriert, objektiv-reduktionierte Nullpunkt-frequente Omni-Konstruktion. (Dies und das folgende Thema beschreiben den Omni-Aufbau/-Zerfall unseres Nullpunkt-Energie Körpers)

Physiologische orchestriert, objektiv-reduktionierte Nullpunkt-frequente Omni-Destruktion

Physiologische orchestriert, objektiv-reduktionierte gamma-frequente Omni-Konstruktion

Physiologische orchestriert, objektiv-reduktionierte gamma-frequente Omni- Destruktion

Physiologische orchestriert, objektiv-reduktionierte röntgenstrahlen-frequente Omni-Konstruktion.

Physiologische orchestriert, objektiv-reduktionierte röntgenstrahlen-frequente Omni-Destruktion.

Physiologische orchestriert, objektiv-reduktionierte ultraviolett-frequente Omni-Konstruktion.

Physiologische orchestriert, objektiv-reduktionierte ultraviolett-frequente Omni-Destruktion.

Physiologische orchestriert, objektiv-reduktionierte sichtbares Licht-frequente Omni-Konstruktion.

Physiologische orchestriert, objektiv-reduktionierte sichtbares Licht-frequente Omni-Destruktion.

Physiologische orchestriert, objektiv-reduktionierte infrarot-frequente Omni-Konstruktion

Physiologische orchestriert, objektiv-reduktionierte infrarot-frequente Omni-Destruktion

Physiologische orchestriert, objektiv-reduktionierte physische Masse-frequente Omni-Konstruktion

Physiologische orchestriert, objektiv-reduktionierte physische
Masse-frequente Omni-Destruktion

Orchestriert, objektiv-reduktionierte notwendige Omni-
Extraktion (Die "Extraktion" hat zur Folge, das krankmachende
Masse-Teilchen zerfallen, und zwar dadurch, dass wir dieser
Masse ihre Grundsubstanz (= Omnis) entziehen.)

Für meine physiologische Gesamtkörper-Funktion notwendige
orchestrierte, objektiv-reduktionierte Omni-Konstante.

Mein Bewusstsein (Ich, Image, Monkeymind) kontrolliert
energetisch, bisher pathologisierend meine OOR-Zyklen.

Physiologie meiner, durch alle sieben OOR-
Frequenzbandbreiten, Masse konstruktivierenden "Limitrys".

Ein einzelner, von 42mal sekündlich stattfindendem, Masse-
Aufbau, beginnend bei Nullpunkt-Energie, sich
verlangsamend, sich reduzierend bis auf unsere physische,
organische Masse. Die Limitrys kontrollieren hierbei den
exakten wiederholbaren Masseaufbau (= Konstruktion) und im
nächsten Thema umgekehrt beschriebenen Masse-Zerfall (=
Destruktion

Physiologie meiner, durch alle OOR-Frequenzbandbreiten,
Masse destruktivierenden (Zerfall) Limitrys.

Pathologische, pathologisierende Phasenverschiebung
meines OOR Aufbau-Zerfall-Zyklus.

Orchestriert, objektiv-reduktionierte physiologische Carbuli-
Konstruktion.

Orchestriert, objektiv-reduktionierter physiologischer Carbuli-
Zerfall.

Orchestriert, objektiv-reduktionierte carbulinische Wasserstoff-Konstruktion.

Orchestriert, objektiv-reduktionierter carbulinischer Wasserstoff-Zerfall

Orchestriert, objektiv-reduktionierte carbulinische Kohlenstoff-Konstruktion.

Orchestriert, objektiv-reduktionierter carbulinischer Kohlenstoff-Zerfall.

Orchestriert, objektiv-reduktionierte carbulinische Sauerstoff-Konstruktion.

Orchestriert, objektiv-reduktionierter carbulinischer Sauerstoff-Zerfall.

Orchestriert, objektiv-reduktionierte carbulinische Stickstoff-Konstruktion.

Orchestriert, objektiv-reduktionierter carbulinischer Stickstoff-Zerfall.

Nach Ansichten der Quantenphysik (Roger Penrose, Stuart Hameroff) reproduziert sich unser biologischer Körper in etwa 42-mal pro Sekunde. Diese Reproduktion ermöglicht der Methode COBIMAX den Zugriff zur Schnittstelle innere/äußere Realität, um Verbesserungsvorschläge in Form von Hologrammen über das Unterbewusstsein des Kleinhirns einzuspeisen.

LIMITRY, Limitrys

Limiting Rays / limitierende Strahlung:
Begrenzende, eingrenzende, abbremsende Strahlung

Limitrys sind das individuellste-allererste-intimste Signal jeder Bewußtseins-Energieeinheit, die Omnis in eine dauerhaft bleibende, sich zwar verändernde wie erweiternde, aber nie zerstörbare Gammafrequenz-Individualstruktur kleiden. Sie sind wichtigster Teil der Schwerkräfte.

Sie sind die Hauptschnittstellen, die beispielsweise einem Menschen den OOR-Vorgang durch sechs Frequenzbandbreiten/Zeiten ermöglichen, gleichsam dadurch jegliche Veränderung ermöglichen und gleichsam den physischen Körper in seiner atomaren Elektronen-Spin &-Orbital-Struktur zusammenhalten.
Diese Limitrys sind nichts anderes als diese leichte Kraft, die das Gegenstück zur Erdgravitation ist. Sie hält einen Körper, einen Corpus zusammen, in dem Fall unseren Körper.

Sollten wir sterben, bleiben aber immer die nächsten Körper in höherer Frequenz übrig und dieser Limitry-Körper ist der, der nie zerstörbar ist und das ist das, was Gandalf angesprochen hat als Diener des geheimen Feuers. Das geheime Feuer, was in uns ist, ist ein ganz hohes Bewusstsein und trotzdem bin ich Teil davon und es ist ein Teil von mir.

Es ist das Gegenstück, was uns zwar auf der Erde hält, gleichsam jeder Gedanke, jede Emotion macht diese Limitrystrahlung schwerer oder bindet die atomaren Partikelchen enger aneinander oder lässt sie weiter auseinandergehen.
Sie werden in jedem Moment durch unsere Gedanken und unsere Emotionen beeinträchtigt, beeinflusst, was normal ist, was physiologisch ist. Sie sind an für sich das, was Esoteriker den kosmischen Leim oder die Liebe nennen.

Es geht darum, dass diese Limitrys die Elektronen im eigenen Spin halten.

Limitrykräfte sind die Kräfte, die die Erde in Rotation und im Orbit halten, als Massenträgheits-Kraft einem biologischen Körper Zusammenhalt während jeder Bewegung / Beschleunigung durch Raum/Zeit ermöglicht, sich einem jeden menschlichen Gedanken wie jeglicher Emotion individuell Gravitationssignale modifizierend auszeichnet.

Wie können denn die Limitrys verändert sein, sodass wir Nachteile davon haben?

Perfekte Limitry-Frequenz
Perfekte Limitry-Amplitude
Perfekte Limitry-phasengleiche Oszillationen
Limitrose (= gealterter Limitry-Vorgang, degenerierter Limitry-Vorgang.

Wir altern nur, weil wir andere beim Altern beobachten, bestätigen das und bauen das in unsere Limitrystrahlung mit ein.

Gealterte Limitryrung
Perfekt juvenile Limitryrung / Perfekte & dauerhafte Juvenil-Limitryrung
Meine Limitrys verstoßen gegen Terra-Law-Limitrys

Wir agieren permanent mit diesem Planeten durch unsere eigenen Schwerkräfte. Der Planet erkennt uns wieder, weil unser Schwerkraftfeld etwa 10 m außerhalb von uns sein kann, es kann auch bis zu 5 km um uns herum sein. Die Erde registriert permanent, wie wir mit der Natur interagieren und mit ihr selbst durch unsere Limitrys.

Personal- (Meine) Limitrys patho-interagieren mit Terra-Limitrys
(Personal-schwächende, krankmachende) Terra-SIK Limitrys
(**S**pin-**I**nformations-**K**omplex)

Auch die Erde kann da, wo wir sie technologisch zerstören, krank machen, selbst Limitrys, Schwerkraftsignale auslösen, ausstoßen, die für uns auch selber krank machend sind.

Limitryrtes "Perfekt Health"-Reset
perfektes Limitrys primary Timing, -secundary, -third, -fourth, -fifth, -sixth.

Hier wird überprüft, in wieweit jede Dimensionsebene, Zeitebene, Frequenzbandbreiten-Ebene perfekt bedient wird oder nicht.

Perfekte limitryrte perfekte Massenträgheit.

Die Limitrys sind verantwortlich für die Massenträgheit, sie wird permanent aufgebaut durch diese Limitrystrahlung.

Aging genetische Limitrys
Auf mein 1. Siegel begrenzte Limitrys

Parallel Inkarnations Limitrys

Diese Limitrys sind auch verschränkt mit anderen Versionen unserer selbst. Sie sind verschränkt auch mit anderen Inkarnationen. Wir haben mit dieser Limitrystrahlung eine direkte Verbindung zu Inkarnationen, die vor uns waren und die nach uns kommen.

Parallel-Version Limitrys,

Dies bezieht sich darauf, inwieweit eine Parallel-Realität meiner selbst oder eine verschränkte Persönlichkeit von mir selbst Probleme über diese Strahlung zu mir rüberbringt. Durch meine vielen Versionen meiner selbst, die ich so oft verschränke oder entschränke, können durch ein Zeitleck oder optionales Leck Informationen dieser Strahlung auf mich übergreifen, die für mich nachteilig sind. Hier muss ich die Gesetze verstehen, Limitrys heißt gleichzeitig begrenzend, aber auch beschützend.

Parallel-Versions Stereo-Kinetose
Parallel-Inkarnations Stereo-Kinetose

Wir werden doppelt schwer gemacht, von einmal der Strahlung und zum anderen besteht die Möglichkeit, wenn diese Strahlung rüberschwappt, dass unser Gleichgewichtsorgan diese ganz persönliche, individuelle Limitrystrahlung von einer anderen Version meiner selbst aus einer parallelen Zeitlinie oder von einer anderen Inkarnationszeit trotzdem auf mich lädt und ich dadurch Stereo-Kinetose habe.

Durch meine Seele nächtlich rückwärts in meine Neuronen gefeuerte Limitrys.

Inwieweit gibt die Seele durch Beherrschung dieser schweren oder leichten Kräfte (Schwerkräfte) mir durch Zugang zu dieser Strahlung bestimmte Dinge vor, die ich konfrontieren muss?

Es gibt noch andere Dinge, die uns beeinflussen:
- Technisch erzeugte, pathologisierende Limitrys
- Supermarkt Infrarot-Bewegungsmelder signalisierte Limitryose / Kinetose
- W-Lan-frequenzspezifisch signalisierte Kinetose / Limitryose
- Handy / Handysender-frequenzspezifisch signalisierte Kinetose/Limitryose
- Schnurlostelefon-frequenzspezifisch signalisierte Kinetose/Limitryose
- Satelliten-frequenzspezifisch signalisierte Kinetose/Limitryose
- Televisions-Sender- frequenzspezifisch signalisierte Kinetose/ Limitryose
- Radio-Sender-frequenzspezifisch signalisierte Kinetose/Limitryose
- usw.

Diese Strahlen beeinflussen schon wieder meine Limitrys und gleichzeitig meine Schwerkraftsignale. Gleichgewichtsorgane werden durch diese Signale ganz massiv beeinflusst.

Infrarot-Wesenheitige Stereo-Kinetose

Infrarotwesenheiten können das auch auslösen.
In den Gleichgewichtsorganen, Vestibularorgan und im optisches Organ, die ja im Hirnstamm ganz bestimmte Zentren haben, muss das signalgleich Gesehene und Gleichgewichtige

exakt parallel sich treffen.Wenn du aus eigener Person in einer anderen parallelen Realität Limitrys mit rüberbekommst, dann verändert das und führt zu Kinetose, zu Ungleichgewicht und viele Leute, die eine sogenannte Kinetose haben, haben in Wahrheit diese Stereokinetose.

Memory-Programm-ierte Mono-Kinetose (Menschen, Orte, …) Alleine aufgrund unserer Vorstellungskraft, unser Imaginationsvorgang, unser Einbildungsvermögen, was sich in unserem Strinlappen abbildet, führt dazu, wenn wir uns stark auf etwas konzentrieren, wenn wir tatsächlich woanders sind mit unserem Geist, wird die Schwerkraftstrahlung von dort übernommen und hier mit eingespeist. Das führt dann auch zu einer imaginierten Monokinetose.

Neocortexiale -Memory-Programm Limitryrungs- Disconnection von Menschen, Orten, Dingen, Zeiten & Ereignissen

A-B Limitry Diffusion
Schwerkraftfeld B ist das der Erde und Schwerkraftfeld A ist unser eigenes, was wir selbst erzeugen in und um unseren Körper herum. A-B-Limitry-Diffusion bedeutet, inwieweit die beiden harmonieren, im rechten Moment eine Elektronenabstoßung machen.
physiologische A-B limitryrte Elektronen-Abstoßung

Limitryrte Kinetose durch Limitry-Efferenz

Wir bekommen von irgendwoher eine Rückmeldung aus dem Omnifeld und das führt schon gleich zur Pathologie

Limitryrte Kinetose durch Limitry-Afferenz

Ein Problem geht von mir selber aus, wird an das Omnifeld gemeldet und wird wieder zurückgebaut.

Vestibulare Limitry-Afferenz
-- Nuclei vestibulares
-- Nucleus vestibularis superior (Bechterew-Kern)
-- Nucleus vestibularis medialis (Schwalbe-Kern)
-- Nucleus vestibularis inferior (Roller-Kern)
-- Nucleus vestibularis lateralis (Deiters-Kern) = *wichtigste Gleichgewichtszentren im Hirnstamm*

Taktile Defensivität
Vestibuläre Defensivität
Taktil Defender Limitrys
Taktil Defended Limitrys

Wenn das Gleichgewichtszentrum ein Problem hat und detektiert, dass falsche Daten übermittelt werden, geht es sofort in eine Abwehrhaltung, die ist gleichzusetzen mit Antigen- Antikörper- Haltung. Taktile Defensivität, diese Schwerkraftsignale, die sich miteinander vermischen oder sich nicht vermischen dürfen, und die sich miteinander vermischen müssen, es aber nicht können, erzeugen sog. Gegenkräfte. Es ist Bestandteil unserer Realität und unserer krankmachenden Strahlung oder auch unserer gesundmachenden Strahlung.

(Stereo) Vestibulärer Mismatch (Gutartiger Lagerungsschwindel)

Mismatch bedeutet, dass optisches Gleichgewicht und vestibulares Gleichgewicht nicht zeitgleich ans Gehirn melden. Wenn wir von Stereo-Kinetose sprechen, dann sind das 2 Bewusstseinseinheiten, die auf das Gehirn feuern und das wird zu diesem Mismatch.

- Canalolithiasis

- Optische Limitry Afferenz

Was wir wahrnehmen, wird von der Optik hochgemeldet an

den Hirnstamm, dass er das Signal richtig verwerten und verwenden kann.

Perfekt juveniles (jugendliches, - noch vor dem Erwachsenenstadium) "Knorpel"-Limitry-Feld.

Wir haben festgestellt, dass wir aus vielen Limitryfeldern bestehen, das ist nicht ein morphisches Feld, wir können ein Knorpel-Limitryfeld ansprechen, wir können ein arterielle Blutgefäße Limitryfeld, ein Epidermis (Haut) Limitryfeld ansprechen und das perfekt machen.

Perfekt juveniles GENETISCHES Limitry-Feld

Perfekt juveniles/embryonales/fetales Endoderm-Ektoderm-Mesoderm Limitry-Feld

Meine Limitrys nehmen meine Genialität auf.

Dasjenige emotionale Limitry-Feld, welches das ALS-Mutations-Gen expressioniert

Perfekt juveniles gesunde Nervenzellen und Fettzellen Limitryfeld

Infrarotwesenheiten
Berauschende Infrarotfrequente Verstorbene

Auf der Infrarotfrequenzebene sind die Verstorbenen „zu Hause". Der nächste Körper nach dem physikalischen Körper ist ein Infrarotkörper, der für Menschen nicht sichtbar ist, aber dennoch existiert. Manche Menschen, die einen guten Zugang zu ihrem Mittelhirnbereich haben, können diesen wahrnehmen.

Auch diese Infrarotfrequenten Verstorbenen können uns beeinflussen.

Mein emotional-genetischer Körper wird von einem Berauschenden-Infrarotfrequenten-Verstorbenen missbraucht.

Durch den Missbrauch eines Berauschenden-Infrarotfrequenten-Verstorbenen erzeugte Antigene / Antikörper / genetische Defekte.

Durch Berauschenden-Infrarotfrequenten-Verstorbenen pathologisierte infrarotfrequente Bänder.

Durch Berauschenden-Infrarotfrequenten-Verstorbenen pathologisierte infrarotfrequente Mikrotubuli.

Durch Berauschenden-Infrarotfrequenten-Verstorbenen kontrollierte synaptische Spaltabstände.

Durch Berauschenden-Infrarotfrequenten-Verstorbenen kontaminierte, informierte komplexe Krankheitsbilder / Symptome.
Durch Berauschenden-Infrarotfrequenten-Verstorbenen induziertes / generiertes / synthetisiertes Phosgen.

Durch Berauschenden-Infrarotfrequenten-Verstorbenen
übertragene komplexe genetische Signaturen / emotionale
Muster.
Durch Berauschenden-Infrarotfrequenten-Verstorbenen
dominiertes 1. (Kopulations) -Siegel / 2. (Schmerz) -Siegel /
3. (Macht) -Siegel.

Dasjenige neue Informative Peptid mit relevanten Rezeptoren,
welches jegliche Schädigung durch Berauschenden-
Infrarotfrequenten-Verstorbenen repariert.

Durch Berauschenden-Infrarotfrequenten-Verstorbenen Bau-/
Funktions-geschwächte Formatio reticularis.

Durch Berauschenden-Infrarotfrequenten-Verstorbenen Bau-
/Funktions-geschwächte Thymusdrüse.

Durch Berauschenden-Infrarotfrequenten-Verstorbenen
kontrollierte Messengerpeptide.

Beschleunigte Telomerverkürzung und beschleunigte
Alterungsprozesse durch einen
Berauschenden-Infrarotfrequenten-Verstorbenen.

Ich verriegele meinen emotional-genetischen Körper dauerhaft
vor dem Zugriff eines jeglichen
Berauschenden-Infrarotfrequenten-Verstorbenen.

Ich Folie-à-deux-importiere von meinem verstorbenen Vater
xxx (ich ziehe herein, ich nehme auf)

Ich werde Folie-à-deux-isiert von meinem verstorbenen Vater
xxx (er zieht Energie ab oder stülpt über)

Wenn wir das Gefühl haben, unser Leben nicht mehr im Griff zu haben, geschäftliche Aktivitäten schief laufen, finanzielle Probleme gegenwärtig sind, extreme Probleme im Umfeld auftauchen, man sich unheimlich energielos und matt fühlt, ohne wirklich krank zu sein, dann sind meistens Fremdenergien im Spiel.

Was ist COBIMAX?

Die „Communikations- Biologische Matrix", kurz „COBIMAX", wurde von Bernd Laudenbach im Jahr 1998 entwickelt. Es handelt sich hierbei um ein Kommunikations- und Therapieverfahren, das es ermöglicht, eine große Vielfalt an körperlichen sowie emotionalen Erkrankungen anzugehen. Ohne Hypnose, ohne Meditation, ohne maschinelle Hilfsmittel. Hier ist ein Weg zur Selbsthilfe und Selbstheilung offen. Denn genau so will COBIMAX verstanden werden: das Wissen über die Krankheitsursache aus dem eigenen Kopf des Menschen, die heilende Kraft aus dem eigenen Körper, genau das ist der Schlüssel zum Erfolg dieser Therapie. Seit 2005 wird COBIMAX auch in Lehrgängen weitergegeben, zur Eigenanwendung oder zur Anwendung in der therapeutischen Praxis.

COBIMAX® macht's möglich!
Bernd Laudenbach, COBIMAX-Initiator, und zwei andere COBIMAX-Ausgebildete steckten ihre Köpfe zusammen und fingen an, der Vision von einer anderen Dimension Gestalt zu geben. Heraus kam www.connectdoor.de, der Zugang zum Universum von Cen-Tooh, dem kleinen Zauberer mit der dicken Knollennase. Zu ihm kommen Besucher aus zahlreichen Universen, um Rat für die verschiedensten Probleme zu holen. Bernd Laudenbach hat Cen-Tooh zum Leben erweckt und nun kann jeder Besucher direkt Cen-Tooh's „Zauberkräfte" in Anspruch nehmen. Hiermit hat nun auch jeder Mensch die Option, völlig eigenständig seine Anliegen zu bearbeiten.

Fassen wir zusammen:
COBIMAX (Communikations-Biologische Matrix) ist also ein Kommunikations- und Therapieverfahren, das es ermöglicht, bei Mensch, Tier und Pflanze eine große Bandbreite unterschiedlichster „Krankheiten" auf körperlicher und emotionaler Ebene anzugehen.

Es funktioniert ohne maschinelle Hilfsmittel oder computer-gestützte Programme und richtet sich an die individuellen körperlichen und emotionalen Ebenen.
Es erkennt jegliche Fehlfunktionen und aktiviert umgehend die Selbstheilungskräfte.

Es ist ein mentales Verfahren, das den Anwender/ Therapeuten befähigt, mit Hilfe seines Kleinhirnbewusstseins Zugang zum autonomen Nervensystem des Patienten zu bekommen. Dieses Kommunikationswerkzeug reduziert alle Sprachen der Welt auf ihre elementare Funktion: die Erzeugung von Bildern (Hologrammen) durch das Gehirn.

Wie unterschiedliche Gehirnteile "Zeit" völlig verschieden wahrnehmen und entsprechend verarbeiten, wie ein in unserem Kleinhirn sitzendes Bewusstsein anscheinend Wunder wirkt und wie sich all das praktisch anfühlt, wird nicht nur erklärt, sondern der Mensch erfährt und erlebt es direkt.

Durch COBIMAX können u.a. destruktive Gedankenmuster und Emotionen identifiziert, lokalisiert und reguliert werden. Hieraus kann der Anwender direkte Zusammenhänge erkennen, die eine lückenlose Beweisführung zulassen, inwieweit ein destruktives Gefühl die Zellelektrizität, die Zellchemie und die Zellfunktion nachteilig verändert.

Entgegen herkömmlicher wissenschaftlicher Erkenntnis kann mittels COBIMAX das autonome Nervensystem willentlich gesteuert werden.
Das Hauptwerkzeug von COBIMAX sind kleinste Zellbestandteile (Mikrotubuli) im Körper, die die Fähigkeit besitzen, in jeder Geschwindigkeit und Stärke zu schwingen. Gerade dieses Zellschwingen ermöglicht es, unterschiedliche Vorgänge in den Organen bis in die Zelle hinein zu kontrollieren. So wird dadurch beispielsweise ein Eliminieren von Mikroben erreicht sowie ein Wieder-Ordnen von emotional verursachten Zellfehlfunktionen ermöglicht.

Haargenau das gleiche Vorgehen (Wissen) praktizieren Naturvölker wie die Aborigines schon seit Jahrtausenden.

COBIMAX verbindet den Anwender mit dem grenzenlosen inneren Wissen, zu dem jeder Mensch Zugang erhält, sobald er mit dynamischer Intelligenz verbunden ist. Dieser bewusstseinserweiternde Zustand führt zu einer Zeitbeschleunigung, und daher kann der Einzelne sofort Einfluss auf Zell- und Organfunktionen nehmen.

Das bedeutet, dass jede Person, die eine körperliche und/oder geistige Veränderung herbeiführen möchte, dies durch COBIMAX erreichen kann. Vorausgesetzt, es handelt sich dabei - im biologischen Sinne - um eine Verbesserung.

COBIMAX fördert in höchstem Maße die physische und psychische Autonomie des Menschen.

Lernt die vielfältigen Einsatzmöglichkeiten Eures dynamischen Bewusstseins kennen!

Ursprungssprache

Bernd Laudenbach suchte seit seinem 9. Lebensjahr nach einer vereinheitlichenden Sprache, die alle Menschen sprechen. Gibt es eine Sprache, die vollkommen ohne Verbalik auskommt?

Jahre später lag er nachts schlafend in seinem Bett. Im Traum, der ihm äußerst real erschien, schwebte er an der Zimmerdecke und sah sich neben seiner Frau liegend. Sein erster Gedanke war, so sieht es aus, wenn man stirbt. Im nächsten Moment fühlte er sich wie von einem Gummiband durch einen beleuchteten Tunnel gezogen und fiel auf Wüstensand. Zwei Aborigines kamen auf ihn zu, blickten ihm tief in die Augen und zeichneten mit feinen Stöckchen Zeichen auf seine Beine. Blut tropfte in den Sand.

Kurz darauf wurde er wieder durch diesen Tunnel zurück in seinen Körper gezogen, was mit lauten Geräuschen verbunden war. Er wachte auf und blutete aus Ohren und Nase.

Dies geschah insgesamt drei Mal in fünf aufeinander folgenden Nächten.

Erst eineinhalb Jahre später begriff er, was diese Zeichen bedeuten: Es war die von ihm gesuchte Kommunikation, die alle Lebewesen verstehen.

Herausgefunden hatte er in seiner eigenen Forschungsarbeit, wie diese Kommunikation funktioniert, wie diese anzuwenden ist und baute daraus seine Kommunikations- und Therapieform COBIMAX auf.

COBIMAX-Bilder mit Wirkung

Die in den Bildern erkennbaren Zeichen entsprechen keiner bekannten Schrift oder Verbalsprache. Gleichwohl stehen diese Zeichen aber für die Übermittlung und Verarbeitung von Daten aus einer optionalen potenten Zukunft des Bildbetrachters. Dem Wachbewusstsein völlig unverständlich, richtet sich der Inhalt dieser Schriftzüge einzig und allein an das im Kleinhirn agierende Unterbewusstsein.

Dieses Unterbewusstsein sieht uns selbst, also den Bildbetrachter, als seine Vergangenheit an. Die Arbeitsfrequenz dieses Unterbewusstseins liegt im Bereich der Ultraviolettlicht-Frequenzen, die gleiche Frequenz, in der die Schriftzüge der dynamisch intelligenten Bilder agieren. Somit eröffnet sich mit diesen kommunikativen Bildern die Möglichkeit, unseren Körper wie gleichsam unsere Emotionen durch die Kontaktaufnahme zum eigenen Unterbewusstsein konstruktiv zu beeinflussen.

Einerseits können wir das Bild mit unseren Augen betrachten und den Inhalt des Bildes visuell aufnehmen. Andererseits besteht die Möglichkeit, das Bild mit den Händen zu „sehen": Durch bloßes kurzes Betasten des Bildes übermittelt sich der an das Unterbewusstsein des Betrachters gerichtete Bildinhalt.

Diese Bilder durchbrechen kontrollierende Barrieren und psychische Begrenzungen, die das Wachbewusstsein aus Gründen von Angst und Unwissenheit errichtet hat. Vor vielen Jahrtausenden, als die Menschheit noch nicht der schlimmsten Krankheit, des Intellekts, erlag, war es jedem Menschen möglich, sich mit sich selbst und mit jedem anderen Menschen in dieser mächtigen Sprache zu unterhalten.

Die cobimaximierte „Sprache" ist die Kommunikationsform des Nichtangepassten und Nichtzivilisierten in uns selbst. Dieses Sprachsystem trägt in sich eine unterbewusste Form der

Selbstkontrolle darüber, was als Information zum Empfänger weitergeleitet und verarbeitet wird. Eine vorsätzliche oder ungewollte Manipulation zum Schaden des Bildbetrachters ist unmöglich. Jede Bildnachricht wird mit dem geringsten Energieaufwand, aber dem größten Nutzen für den Bildbetrachter durch den Bildbetrachter selbst erarbeitet.

Die Bilder zeigen die Ursprungssprache von COBIMAX mit unterschiedlichen Themen und den mitunter schädigenden Einfluss auf unsere Gesundheit, die beim Betrachter körperliche Reaktionen auslösen können. Diese Reaktionen beinhalten aber auch gleichzeitige Korrekturmaßnahmen.

Bernd Laudenbach zeigt in diesem Buch einige Bilder-Themen in seiner Symbolsprache.
Das Betrachten geschieht auf eigene Verantwortung.

Ich Folie-à-deux-isiere

Dieses Bild ist aktiviert.
Bitte Reaktionen abwarten und ausklingen lassen.

Folie-à-deux signierte Antigene und Antikörper

Dieses Bild ist aktiviert.
Bitte Reaktionen abwarten und ausklingen lassen.

Folie-à-deux modifiziertes Organsystem

Dieses Bild ist aktiviert.

Bitte Reaktionen abwarten und ausklingen lassen.

Ich Folie-à-deux-isiere mich mit einer Person,
die ich hasse, missachte.

Dieses Bild ist aktiviert.
Bitte Reaktionen abwarten und ausklingen lassen.

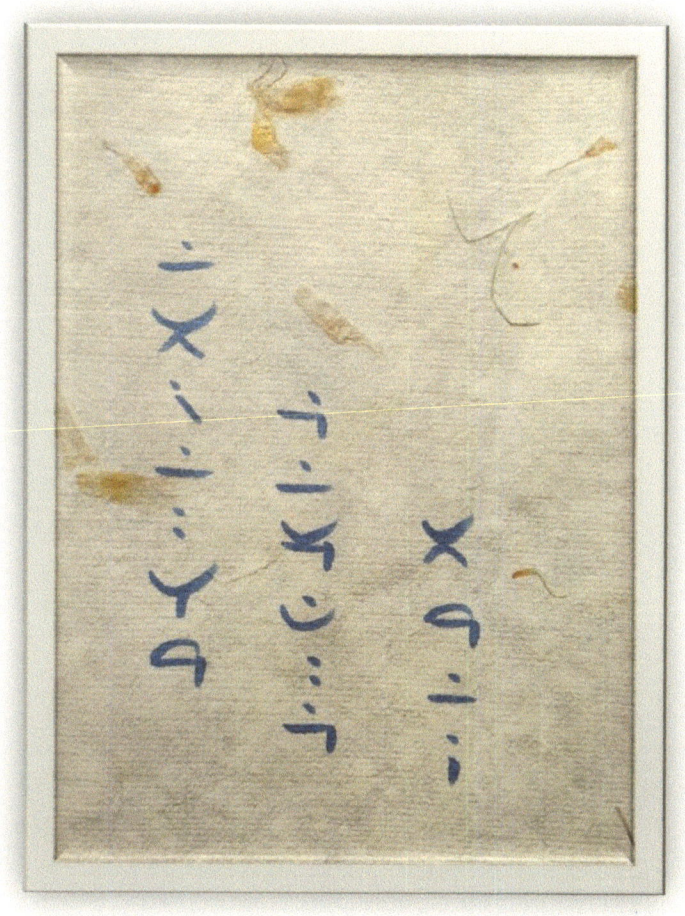

Mein Haustier Folie-à-deux-isiert
meine Krankheiten, meine Sorgen

Dieses Bild ist aktiviert.
Bitte Reaktionen abwarten und ausklingen lassen.

„Zaubern" lernen?

Bernd Laudenbach prüfte und hinterfragte konsequent den menschlichen Körper und die Psyche und erarbeitete so die Communikations-Biologische Matrix, kurz COBIMAX®.

Du willst selbst „zaubern" lernen?
Dann kannst Du das auf der Erde erlernen.
So mancher Leser mag unsere ConnectDoor-Büchlein als eine Werbemaßnahme sehen. Es ist uns aber viel mehr ein Anliegen, den Menschen zu vermitteln, dass jeder selbst alle Voraussetzungen in seinem Kopf hat, die er benötigt, um direkt und effektiv mit seinem Unterbewusstsein zu kommunizieren und Verbesserungen in seinem Leben zu erzielen. Das funktioniert aber nur, wenn die Gehirnverbindungen, die dazu nötig sind, wieder hergestellt werden.

So wie nicht jeder Mensch Arzt wird und eine Praxis eröffnet, so wird auch nicht jeder Mensch den Wunsch haben, ein COBIMAX-Anwender zu werden. Zumindest ist es aber wichtig, zu wissen, wo er Hilfe finden kann.

Bereits ausgebildete COBIMAX-Berater und COBIMAX-Therapeuten stehen Dir auch gerne zur Seite.
Kontaktdaten auf Anfrage.

Was es bedeutet, ein COBIMAX-Anwender zu sein

„Wir COBIMAX-Anwender müssen verstehen, dass wir durch den „cobimaximierten" Anschluss an unser Kleinhirn direkten Zugang zu einer höheren Instanz, dem Kleinhirnbewusstsein, haben.
Jeder Gedanke, der eine Korrekturabsicht beinhaltet und damit eine Verbesserung des biologischen Organismus unseres Gegenübers bedeutet, wird sofort von dessen Kleinhirnbewusstsein aufgegriffen und dieses lässt unter seiner Kontrolle einen Korrekturvorgang über die Mikrotubuli durchführen.

Eine vorsätzliche oder unbeabsichtigte Schädigung eines anderen Organismus ist mit dem COBIMAX-System nicht möglich, da ein höheres Bewusstsein, das absolut neutral ist, nämlich das Kleinhirnbewusstsein, entscheidet, ob eine COBIMAX-Eingabe durchgeführt wird oder nicht. Somit kann dem COBIMAX-Anwender auch kein Fehler unterlaufen.

Die Frage der Ethik taucht auch immer wieder auf. Jeder COBIMAX-Anwender muss auf seine eigenen ethischen Grundsätze zurückgreifen. Bei einem Hilfesuchenden ist es klar, dass wir auf dessen Wunsch zielgerichtet intervenieren können."

Wie wird man ein COBIMAX-Anwender?

Lehrgang zur autorisierten Nutzung von COBIMAX® mit COBIMAX-Initiierung durch Bernd Laudenbach

COBIMAX ist ein Geschenk der Natur, das jedem Menschen in die Wiege gelegt wird.
So besitzt also jeder Mensch von Geburt an die Fähigkeit durch Gedanken den Körper zu heilen. Sehr früh schon im Leben macht der Mensch unterschiedlichste Erfahrungen.
Da Menschen so konditioniert werden, jegliche Erfahrung emotional zu bewerten, sind es im Laufe des Erwachsenwerdens genau diese im Gehirn gespeicherten emotionalen Beurteilungen, die von der Fähigkeit, sich selbst zu heilen, wieder abtrennen.

COBIMAX baut die Verbindung zum alle Menschen umfassenden Kollektiv-Bewusstsein wieder auf: Dieses höhere Bewusstsein, das bei jedem Menschen im Kleinhirn sitzt, ist der tatsächliche HEILER, der bei allen „Cobimaximierungen" in Aktion tritt.

Der COBIMAX-Lehrgang befähigt den Absolventen zum permanenten Zugriff auf dynamische Intelligenz.
Die erreichte Bewusstseinserweiterung ermöglicht die direkte Einflussnahme auf das autonome Nervensystem, die Organsteuerung und Zellsteuerung eines jeden Menschen.
Gedankenprozesse werden ebenso konstruktiv optimiert.
Dem Lehrgangsabgänger öffnen sich mittels COBIMAX Wege, die ein forciertes Weiterentwickeln der eigenen Persönlichkeit, der Gesundheit und der Autonomie erleichtern.
Selbstverständlich kann der COBIMAX-Anwender dies auch für andere Menschen erreichen.

Der erfolgreiche Abschluss beschert jedem Teilnehmer äußerste Effizienz, indem Gehirnareale willentlich nutzbar gemacht werden, zu dem der Mensch bisher keinen direkten

Zugang hatte. Er verbindet die Anwender mit grenzenlosem innerem Wissen und mit dem kollektiven menschlichen Bewusstsein.

**So wie die Krankheit in unserem Körper steckt,
ist auch die Lösung in ihm enthalten.**
Bernd Laudenbach

Die Autoren

Bernd Laudenbach
(Jahrgang 1959), ist ursprünglich ausgebildeter Masseur und Sportphysiotherapeut.
Bereits während seiner Berufsausübung als Masseur suchte er nach Möglichkeiten, pathologische körperliche Veränderungen nachhaltig zu optimieren. Obwohl dies unmöglich schien, haben Bernd Laudenbachs Neugierde und Beharrlichkeit ihn dazu bewogen, bisherige Erkenntnisse und Annahmen, die den menschlichen Organismus und die Psyche betreffen, gründlich zu prüfen und konsequent zu hinterfragen.
Aufgrund der Erforschung des eigenen Körpers und der eigenen Psyche sowie einer stetigen Selbsthinterfragung hat Bernd Laudenbach darauf aufbauend die Communikations-Biologische Matrix COBIMAX erarbeitet.
Als er Anfang der neunziger Jahre mit den Versuchen zur Aktivierung seiner Selbstheilungskräfte begann, dachte er weder daran, andere Menschen einmal behandeln zu können, noch dieses Wissen bzw. das Werkzeug anderen Interessierten zur Therapieanwendung zur Verfügung zu stellen.

Seit 1999 behandelt er Tausende Hilfesuchende mit Erfolg und seit 2005 bildet er zusätzlich COBIMAX-Therapeutinnen und -Therapeuten aus.

COBIMAX ist eine ursprüngliche Kommunikationsform der Natur, die zielgerichtet Selbstheilungskräfte aktiviert und diese zu präzis gesteuerten Veränderungen im Körper nutzt.

Inge Friedrich

(Jahrgang 1947) ursprünglich tätig in der medizinischen Forschung eines Pharma-Unternehmens, lernte Bernd Laudenbach und seine Kommunikations- und Therapie- methode Communications-Biologische Matrix COBIMAX im Jahr 2003 kennen. Durch die verblüffenden Ergebnisse von COBIMAX, auch bei Austherapierten, wurde ihr Forschergeist geweckt und sie veranstaltete Vorträge und Ausstellungen mit Bernd Laudenbach. Anfang 2005 erhielt sie die Möglichkeit, eine Ausbildung bei Bernd Laudenbach zu absolvieren, um dann selbstständig als COBIMAX-Beraterin zu arbeiten.

Neben der COBIMAX-Beratung hält sie Vorträge und Workshops und begleitete viele Jahre Bernd Laudenbach bei seinen Lehrgängen zur autorisierten Nutzung von COBIMAX.

Weitere Taschenbücher mit cobimaximierten Bildern :
ConnectDoor - Zugang zu einer anderen Dimension
Die Macht der Gefühle, ISBN 978-3-7357-8011-9

ConnectDoor - Zugang zur nächsten Dimension
Rund um Bakterien, Viren & Co., ISBN 978-3-7347-3244-7

ConnectDoor - Zugang zu einer weiteren Dimension
Stress minimieren-Erfolg maximieren,
ISBN 978-3-7347-7381-5

ConnectDoor - Zugang zu außergewöhnlichen Dimensionen :
Von geschmeidig über echt schräg zu voll krass, ISBN 978-3-7386-1740-5

ConnectDoor - Zugang zu meinem Humanarchitekten
Die große Liebe meines Lebens, ISBN 978-3-7412-0540-8

ConnectDoor - Zugang zum Geschenk der Natur
Einsatz bei Tier und Pflanze, ISBN 978-3-7528-3496-3

ConnectDoor - Zugang zum Geheimnis der Zahlen
Einfluss der Zahlen auf Denken, Fühlen und Handeln
ISBN 978-3-7448-2223-7

ConnectDoor - Zugang zu einer verzwickten Dimension
Liebe und Partnerschaft, ISBN 978-3-7481-8853-7

ConnectDoor - Zugang zu einer vergessenen Dimension
Essen hält Leib und Seele zusammen,
ISBN 978-3-7494-5171-5

ConnectDoor - Zugang zu einer höheren Dimension
Wer ist ICH? , ISBN 978-3-7494-5393-1

ConnectDoor - Zugang zu einer magischen Dimension
Zaubersprüche für Jung und Alt, ISBN 978-3-7504-1039-8

Kontaktdaten

Cen-Tooh, der Therapeut : www.connectdoor.de

COBIMAX, Bernd Laudenbach: www.cobimax.com
Frankurter Str. 43, 36391 Sinntal-Altengronau
Tel. 06665 918688
E-Mail: bernd.laudenbach@cobimax.com

Inge Friedrich: www.inge-friedrich.de
Hähnleiner Str. 4, 64673 Zwingenberg
Tel. 0049 172 763 7112
E-Mail: inge.friedrich@cobimax.com

Bilder:
Cen-Tooh: ©HitToon.com-Fotolia.com
Pixabay